Frère Jean-Régis Harmel
avec la collaboration de Jean-Claude Fau

Conques

Un religieux raconte son village

LES EDITIONS DE L'ATELIER

Les Editions Ouvrières
12 avenue Sœur Rosalie
75013 Paris

Dans la même collection « Regarder Autrement »

dirigée par Louis Malle et Jean-Pierre Mouton :

Le Mont Saint-Michel, Frère Jean-Pierre Mouton
avec la collaboration de Olivier Mignon

Vézelay, Pierre Boucaud

Autun, Père René Aucourt
avec la collaboration de Brigitte Maurice-Chabard

Rocamadour, Père Jean Rocacher

Saint-Denis, Père Bernard-Jean Berger
avec la collaboration de Serge Santos

Coutances, Père Michel Le Blond
avec la collaboration de Fabrice Masson

Orcival, Père Yvon Aybram
avec la collaboration de Anne Courtillé

Je remercie vivement les photographes amateurs et professionnels qui ont illustré cet ouvrage.

Photos : Abbaye de Conques : pages 7, 12, 47, 48/49 - Atelier du Regard. A.Allemand© : pages 13, 15, 25, 42, 45 gauche et droite, 50 - Atelier du Regard. M. Hervé© : page 36 - Vincent Cunillere : pages 6, 26, 30, 31 haut et bas, 35, 37, 44 haut - Éditions Debaisieux : page 44 bas - Renaud Dengreville : pages 11, 18, 23, 27, 29 haut et bas, 34, 38/39, 40, 43, 52, 53, 55 - Monique Ferrer : pages 5, 16, 17, 51, 56, 57 - Jean Ferrer : pages 8, 9, 60 - André Kumurdijan : page 41 - Yvon Boëlle : page 28 - Paul M.R. Maeyaert : pages 19, 20, 21, 22 - Pierre Sirgant : page 32

Le texte de la page 37 est tiré de Télérama N° 2318 du 15 juin 1994. Propos de Pierre Soulages recueillis par Olivier Cena.

Conception couverture : Artconcept'
Maquette : Dany Mourain

ISBN 2-7082-3358-0
ISSN 1270-2640

Imprimé en France *Printed in France*

Préface

Pour découvrir et comprendre Conques, y passer seulement ne suffit pas : même si l'étonnante unité des lieux est alors perceptible, son véritable sens paraît inaccessible et le simple passant reste malgré lui étranger à la présence qui les habite. Pour s'en pénétrer, il faut pouvoir y demeurer, y voir au fil du jour la lumière changer sur les pierres, y vivre au rythme des offices et des prières et se fondre dans l'harmonie que crée la rencontre d'un tel sanctuaire et de la spiritualité qui l'anime.

Rien ici n'est fortuit. D'étroites correspondances unissent l'abbatiale et ses sculptures, les grilles et le Trésor, la Majesté d'or de Sainte-Foy et la jeune martyr dont les reliques parvinrent à Conques au IXe siècle par « translation furtive », les couleurs du schiste, du grès et du calcaire et les vitraux de Soulages proches de l'albâtre qui ont pour seul but de « donner à voir »...

Les pèlerins venus du Puy annoncent leur prochaine arrivée à Conques en agitant la cloche de la chapelle Sainte-Foy sur la colline voisine. À leur signal, l'abbatiale répond par un jeu de carillon, comme elle salue leur départ quand ils reprennent la route vers Saint-Jacques de Compostelle.

C'est à cette découverte sensible du site que vous invite Frère Jean-Régis en y guidant vos pas. Il appartient à la communauté des frères prémontrés qui veille depuis 1873 sur la célébration des offices et la vie liturgique de l'abbatiale Sainte-Foy. Dans son propos, chaque détail architectural ou iconographique trouve sa vraie dimension. Les précieuses notices rédigées en complément par Jean-Claude Fau rappellent les principaux jalons de l'histoire de Conques et les mots de Prosper Mérimée avouant son émotion et sa surprise, en découvrant les lieux, alors qu'« il n'était nullement préparé, écrit-il, à trouver tant de richesses dans un pareil désert ».

Pourtant au-delà de la force et du rayonnement qui caractérisent ce haut lieu sacré, Frère Jean-Régis réussit à nous rendre attentifs à sa fragilité. En la rappelant, il souligne la priorité qui oriente les efforts de tous ceux qui ont aujourd'hui à intervenir sur ce site d'exception : garder à cet ensemble sa cohérence et son authenticité et le transmettre intact aux pèlerins du troisième millénaire...

Marie-Anne Sire

Adjointe à l'Inspection Générale
des Monuments Historiques

LE SITE

L'imposante cathédrale du Puy et sa vieille ville sont le point de départ ou de passage obligé pour le pèlerin de notre région. Se rend-il à Saint-Jacques de Compostelle ou au seul sanctuaire de Conques, nous arrivons avec lui par la Margeride, l'Aubrac, la jolie ville d'Estaing et les villages du plateau en bordure du Causse, poussés par une nécessité intérieure.

Dénivelé de 300 mètres pour dévaler sur la hauteur du village par le chemin traditionnel rebaptisé GR 65. La rue devient ruelle avec une belle homogénéité des toits de lauzes, des schistes et des grès colorés.

Une nature sauvage

Sur un petit replat (*plo* en occitan) du versant exposé au Midi, la présence d'une source abondante, l'actuelle fontaine du Plo en contre-bas de l'abbatiale, fut sans doute l'élément déterminant dans le choix du site par l'ermite Dadon, lorsque « renonçant au monde, il vint fixer sa demeure dans les solitudes de Conques ». C'était vers la fin du VIIIe siècle.

« Autrefois asile des bêtes fauves et des oiseaux mélodieux, ce lieu était resté inconnu de l'homme que rebutait son aspect sauvage. »

Serez-vous saisi par Conques au point de ressentir ce lieu comme hors de l'ordinaire, presque magique ? Il est certain que ce bourg d'une centaine d'habitants plonge ses racines dans une foi séculaire. Précédées et comme annoncées par les croix de pierre ou de bois, les calvaires ou les clochers du Chemin qui deviendra en Espagne *el Camino*, les flèches de l'abbatiale, en contre-bas, polarisent l'attention.

La montée du Cendié (D 232). Au premier plan, tour d'angle du cimetière.

Suivant la saison, le visiteur apercevra des familles cultivant leur jardinet ou les derniers vignerons s'activant autour du « mansois », ce plant des moines d'autrefois. Ils le sarclent, l'émondent, enfin le récoltent.

> *Je suis la vigne véritable et mon Père est le vigneron. Tout sarment en moi qui ne porte pas de fruit, il l'enlève et tout sarment qui porte du fruit il l'émonde pour qu'il porte encore plus de fruit.*
>
> Évangile de Jean 15, 1-2

Quant aux enfants, ils sont juste assez nombreux pour bénéficier encore de l'école de la ville. Car, ici, malgré la modestie de l'agglomération on parle de la ville de Conques. La campagne, ce sont des villages, autrefois paroisses, maintenant poussières de hameaux réunis en une seule commune, cité médiévale et abbatiale.

La communauté des frères prémontrés qui anime l'ancienne abbaye fait partie du village par son implantation séculaire et par l'enracinement familial de l'un ou l'autre. Avec eux le pèlerin du matin reçoit la bénédiction d'envoi :

Tous les matins nous prenons le chemin,
tous les matins nous allons plus loin.
Jour après jour, la route nous appelle
c'est la voie de Compostelle.

Ultréïa, e suseia Deus adjuva nos, c'est-à-dire : Allons plus loin, plus haut que Dieu nous aide.

La conque

Un contemporain, Ermold le Noir, évoque, dans un poème latin à la gloire de Louis le Pieux, l'endroit où allait naître Conques.

Grâce au soutien de ce monarque, en effet, un petit monastère avait pu voir le jour, succédant à l'ermitage de Dadon. Et le souverain carolingien en personne aurait voulu en choisir le nom, Conques (*concha* en latin = coquille), en s'inspirant d'une particularité du site. Les gorges creusées par un petit torrent, l'Ouche, sur le point de rejoindre la vallée perpendiculaire du Dourdou, s'élargissent ici pour donner naissance à une sorte de cirque rocheux. Sa concavité - la conque - vient échancrer profondément le plateau de schiste aux horizons tabulaires. C'est le type même de relief en creux, selon les géographes.

Tous les voyageurs, jusqu'à Prosper Mérimée qui, arrivant à Conques en 1837 *« au milieu des plus âpres montagnes du Rouergue »*, écrivait qu'*« il n'était nullement préparé à trouver tant de richesses dans un pareil désert »*, tous ont été frappés par l'aspect à la fois sauvage et grandiose du site.

Un bourg monastique

Dans un premier temps, le monastère Saint-Sauveur fondé par l'ermite Dadon ne paraît pas avoir regroupé autour de lui une population nombreuse. Et, au début du IXe siècle, le chef lieu de la viguerie (division territoriale de l'empire carolingien) se trouvait encore à Montignac, héritier d'un grand domaine de l'Antiquité, aujourd'hui modeste hameau du voisinage. Or deux siècles plus tard, peu après l'an Mil, Bernard d'Angers dans son « *Livre des miracles de sainte Foy* » révèle l'existence d'une « *ville importante, assise sur la colline qui se prolonge au-dessus du monastère* » Que s'est-il passé entre temps ?

Tout ensemble fait corps

LE VILLAGE

J'étais joyeux que l'on me dise
allons à la maison du Seigneur !
Enfin nos pieds s'arrêtent
Dans tes portes, Jérusalem !
Jérusalem, bâtie comme une ville
où tout ensemble fait corps
là où montent les tribus
les tribus du Seigneur...

Début du psaume 122 (121) traditionnellement chanté
par les pèlerins à l'approche de la Ville Sainte

Conques est situé dans le Rouergue qui recouvre pratiquement le département de l'Aveyron, au sud de l'Auvergne et au nord de la région Midi-Pyrénées.

Ce village médiéval et pourtant contemporain, apparaît extrêmement rassemblé, groupé, à l'exemple de la ville par excellence des pèlerins : Jérusalem. Celle-ci rend présente l'historicité de Jésus. Lui-même est monté en pèlerinage récitant le psaume 122 cité plus haut. Il y est revenu plusieurs fois jusqu'à son arrestation et sa mise en croix. Typologiquement cette ville est donc aussi l'arrivée de tous les humains à la fin de leur pèlerinage sur terre, d'où l'expression de Jérusalem céleste.

Rome supplantera ensuite le rêve idéalisé des pèlerins qui seront alors surnommés les Romieux. Et notre village a son pont romain : celui des pèlerins qui franchissent l'Ouche, affluent du Lot, avant de poursuivre leur chemin par la petite chapelle sainte Foy.

Deux tracés anciens de pèlerinage vers Compostelle convergent ici : celui du Puy-en-Velay et celui de Rodez. Le blason actuel de Conques les évoque par un Y et trois coquilles saint Jacques.

Dans ce lieu-sanctuaire le pèlerin fait halte. Il a ressenti le besoin impérieux de se mettre en route, de partir. Après dix jours de marche ou plus, il commence à se recentrer sur l'essentiel de sa vie, allégé de ses fardeaux physiques et moraux, de ses impasses personnelles. Il peut même découvrir, comme en un éblouissement, qu'il est aimé de Dieu et qu'il peut aimer à son tour. Alors les sentiers, les fleurs et les rochers, le vent et le soleil, les maisons et leurs habitants sont reçus autrement. De quoi ou de qui sont-ils signe ? Ils l'invitent à aller plus loin, plus profond.

L'essor économique du Moyen Age

À Conques, les activités économiques et le courant commercial né du pèlerinage, avec sa clientèle sans cesse renouvelée, ne pouvait qu'encourager le peuplement. Ainsi le *Livre des miracles* se fait l'écho du commerce rénumérateur de la cire et des cierges qui se pratiquait aux portes de l'église. Et il cite même l'un de ces « marchands du temple », un Auvergnat cupide installé à Conques.

L'hospitalité payante chez le particulier ou l'aubergiste devient une autre source de profit, car les moines ne peuvent pas assurer la nourriture et l'hébergement de tous les pèlerins. À l'époque romane, l'ouverture des grands chantiers de construction : abbatiale, cloître, bâtiments conventuels, remparts, provoque un appel de main-d'oeuvre considérable. Même si les tâches spécialisées, comme la taille des pierres ou la sculpture, sont assurées le plus souvent par des équipes venues de l'extérieur, il faut bien recruter sur place l'armée des manoeuvres, des terrassiers ou des bouviers.

Nous ignorons le nombre d'habitants au XIIe siècle. Mais en 1341 Conques comptait 730 « feux », soit 3 000 habitants environ, et se plaçait au septième rang parmi les villes du Rouergue. Il ne s'agit donc pas d'un simple village comme aujourd'hui, mais d'une agglomération à caractère urbain, avec ses remparts, ses quatre consuls renouvelables tous les ans, sa halle et son poids public

La geste d'une martyre

SAINTE FOY

Entrant dans ce village par le traditionnel sentier des pèlerins ou par les gorges du Dourdou et la rue Charlemagne, le nouvel arrivant n'est pas seulement surpris de l'harmonie des pierres, des crépis et des maisons anciennes. Bien vite il entendra : « Sainte Foy », comme un refrain.

Bien heureux est ce pays
où Diou a conduit uno sainto aussi puissanto
qu'il accomplit, en son nom, grands miracles,
beaux prodiges et jeux menus
Giraud, un prêtre mal tondu,
arrache les yeux à Guibert, son familier.
Et puis, quand celui-ci est aveugle d'un an,
pour la sainte, Dieu lui rend la lumière.
Si vers elle vient un homme aveugle ou muet
ou que la maladie importune à outrance,
ou s'il est retenu en prison,
ou s'il est déchu par la guerre,
lorsqu'il se sera prosterné devant elle,
qu'il soit jeune ou qu'il soit chenu,
pourvu qu'il se repente du péché,
aussitôt lui viendront joie et salut ...

Chanson de Sainte Foy : XIe siècle.

Sainte Foy. Stalle de l'abbatiale (XVIe siècle).

Chantée, vénérée, honorée, Foy est de Conques. Par sa naissance, au IIIe siècle, cette fillette est d'Agen. Fille d'un haut fonctionnaire païen, elle est instruite de la religion chrétienne par sa nourrice et reçoit le baptême de l'évêque Caprais.

Dacien, gouverneur de l'Aquitaine, applique rigoureusement le décret de Dioclétien persécutant les chrétiens. Malgré son jeune âge et la position sociale de son père, Foy doit comparaître en un long jugement avec flatteries, promesses et menaces. Devant sa détermination héroïque elle est condamnée au gril mais un nuage vient pleuvoir sur le bûcher. Elle subit alors la décapitation avec sa soeur Alberte.

Le courage et la fermeté de Foy provoquèrent le retour de son évêque ainsi que d'autres chrétiens qui subirent aussi le martyre entraînant des soldats païens convertis par cet exemple.

Depuis sa translation furtive au IXe siècle, Foy est de Conques. L'abbatiale lui est dédiée et a été construite pour elle avec son déambulatoire pour les innombrables pèlerins qu'elle suscite. Même architecture à Saint-Martin-de-Tours ou Saint-Sernin de Toulouse, autres célèbres sanctuaires de pèlerinage.

Lors de sa fête annuelle en octobre*, beaucoup la suivent et la vénèrent, car Foy est inculturée au pays. Ses reliques ont parcouru le monde : Santa Fé de Bogota ou tout simplement Sainte-Foy-lès-Lyon. Qui sait que notre martyre est patronne secondaire de Londres, que Roncevaux ou Sélestat en Alsace ont été ses filiales ? Les moines et les pèlerins répandaient son culte et l'influence de Conques.

Le courage d'une adolescente devant l'arrestation, l'intimidation, la séduction ou l'emprisonnement rejoint l'expérience chrétienne du combat spirituel. « Aimer c'est tout donner et se donner soimême » dira et vivra une autre jeune fille plus proche de nous : Thérèse de Lisieux. La conviction est la même, la résolution est identique. Et leur rencontre ouvre les yeux de bien des aveugles qui voient l'invisible selon la belle expression de l'épître aux Hébreux « *Par la foi, Moïse quitta l'Egypte sans craindre la fureur du roi : comme s'il voyait l'Invisible, il tint ferme* » (11, 27). Ainsi, de Guibert l'illuminé cité plus haut et de bien des croyants éclairés de l'intérieur pourrait-on dire.

*Le dimanche qui suit le 6 octobre.

Un document exceptionnel : le *Livre des Miracles de sainte Foy*

Dans un monde tout imprégné de surnaturel et de merveilleux, l'homme du Moyen Age a une foi inébranlable dans les miracles, ces interventions de la Providence qui passent souvent par le culte des saints et de leurs reliques. Les récits des prodiges qui leur sont attribués, se multiplient aux XIe et XIIe siècles et ils contribuent à attirer les foules de pèlerins vers les grands sanctuaires, comme Conques ou Rocamadour.

Le culte de sainte Foy, d'abord limité au Rouergue et aux provinces voisines, se diffusa au loin après l'an mille, porté par la dévotion populaire et amplifié par une grande oeuvre littéraire, le *Liber miraculorum sancte Fidis*, dont le trésor de Conques garde un exemplaire. Un autre manuscrit, richement orné et plus complet, est conservé à la bibliothèque de Sélestat, en Alsace, une ville dont l'église, placée sous le vocable de Sainte-Foy, dépendait de l'abbaye de Conques.

Foy a pour nom dicté par Dieu.
Elle fut nourrie en chasteté
et tint sauve sa virginité.
Par elle Dieu a fort honoré ce monde.
Son corps est beau et sa taille menue
mais son âme est plus belle encore.
Elle a de jolis yeux et un visage clair
mais plus précieux est son coeur.
Avant qu'elle eut douze ans passés
fit telle oeuvre qui plaît beaucoup à Dieu :
elle prit le martyre et très durement
tel que vous le lisez et tel que vous le chantez.
O Dieu ! combien ce monde en est honoré.
L'honneur qu'elle eut, elle, en son temps,
elle ne le prisa pas plus que de la boue.
Auprès du Dieu du ciel son coeur était placé
et le servir était son seul plaisir.
Elle ne prit de repos, j'en suis sûr,
que lorsqu'elle eut offert à Dieu sa propre mort.
Cela mit le diable en émoi.
(...) Elle se fait humble comme les gueux
et se tient près de Dieu, le plus beau des trésors.
Après avoir porté tunique avec brassières,
elle se met pour Dieu en grande pauvreté.
Elle quitte les gens de sa condition
et s'en va hardiment à la quête de Dieu.
Ne croyez pas qu'elle n'aura pas récompense
d'avoir toujours voulu être son ouvrière
et sa fidèle cameriste
tout attentionnée à son service.
C'est là la voie droite.
Au matin Dacien se mit à préparer le jugement
et ordonna que Foy vienne devant lui.
« Maintenant damoiselle je veux ouïr
quel souverain tu veux servir ? »
Elle parla et sut lui dire cela :
« De Notre Seigneur je me veux à disposition
et il m'apparaît clairement
qu'il n'y a rien que j'admire autant.
Si je ne l'ai pas je ne puis guérir
je n'aime que lui, sans mentir.
Avec lui je veux rire et me réjouir. »

Chanson de sainte Foy : XIe siècle.

Relevons cette dernière expression : « *Avec lui je veux rire et me réjouir* » qui fait allusion aux badinages de notre sainte. À côté des miracles importants, d'autres prodiges, proches de l'espièglerie, lui sont attribués. La tradition note que Foy jouait avec les miracles et que le peuple s'en amusait.

L'auteur, Bernard, directeur de l'école épiscopale d'Angers et disciple de l'évêque lettré Fulbert de Chartres, se rendit à Conques à plusieurs reprises dans les premières années du XIe siècle. « Les prodiges (attribués à sainte Foy), écrit-il, étaient tellement extraordinaires que je les regardais d'abord comme des fables. Mais, voyant que l'Europe presque entière s'entretenait de ces miracles et leur accordait créance, je conçus le désir de visiter la basilique - de Conques - afin de m'informer. » (Manuscrit de Sélestat, I-31). Convaincu, Bernard commence alors la rédaction de son ouvrage, remarquable outil de propagande en faveur de sainte Foy et de son abbaye. Et il trouvera sur place un continuateur à son oeuvre, le moine conquois anonyme auteur de la dernière partie du « Livre des miracles ».

Près de mille ans se sont écoulés : le récit légendaire représente aujourd'hui un document exceptionnel, véritable mine de renseignements pour l'historien.

Trésor - Sainte Foy, argent repoussé (fin du XVe siècle).

Maison de prière pour tous les peuples

L'ABBATIALE

Que serait le village sans l'abbatiale et celle-ci sans son environnement naturel d'habitat et d'habitants ? Dans cet écrin, nous découvrons le cœur du bourg.

Primitivement dédiée au saint Sauveur avec deux chapelles, saint Pierre et Notre Dame, l'abbatiale actuelle est maintenant placée sous le patronage de sainte Foy. Prosternée devant la main du Seigneur celle-ci intercède pour ceux qui sont appelés à rejoindre le cortège innombrable de tous les saints attirés par le Christ Sauveur.

Voilà le message central du portail ouest de cette église, qui demande à être déchiffré attentivement.

LE TYMPAN

Le tympan de l'église de Conques jouit dans le Midi d'une réputation méritée. Aussi un dicton populaire le met-il au nombre des merveilles de la contrée :

Quí n'a pas bist	Qui n'a pas vu
Clouquié de Roudès,	le clocher de Rodez
Pourtal de Counquos,	le portail de Conques
Gléiso d'Albi	l'église d'Albi
Campana de Mendé,	la cloche de Mende
N'a pas res bist.	n'a rien vu.

Accueillis par le Christ en majesté, en gloire, les visiteurs peuvent devenir pèlerins. La main levée du Sauveur indique les anges qui dansent, sonnent du cor et soutiennent la croix. Trophée de victoire de la Vie sur la mort, de la Grâce sur le péché, elle est comme la toile de fond de cette fresque salutaire.

« Oui l'univers entier, sauvé par la passion de ton Fils, peut désormais confesser ta gloire : par la puissance de sa croix apparaît en pleine lumière le jugement du monde, la victoire du crucifié. »

Préface de la Passion

Voilà pourquoi le côté ouvert du Roi et Juge évoque l'apparition du Ressuscité à l'incrédule Thomas, absent lors de la prise de conscience de la présence glorieuse du Christ par les autres apôtres :

Jésus dit à Thomas : « Porte ton doigt ici, voici mes mains. Avance ta main et mets-la dans mon côté. Ne deviens pas incrédule mais croyant.» Thomas répondit : « Mon Seigneur et mon Dieu ». Jésus lui dit : « Parce que tu me vois, tu crois. Heureux ceux qui croient sans avoir vu. »

Évangile de Jean 20, 2

Conques, haut-lieu de la sculpture romane

Au tympan du portail occidental, la représentation du Jugement dernier est considérée comme l'une des oeuvres fondamentales de la sculpture romane, par ses qualités artistiques certes, mais aussi par son ampleur. Large de 6,75 m, haut de 3,62 m, il abrite cent vingt-quatre personnages dans un état de conservation excellent. Et comme pour mieux frapper les esprits, de vives couleurs dont il reste encore des traces notables, venaient rehausser les sculptures, avec une dominante bleue pour le paradis, rouge et ocre pour l'enfer. Car le Jugement dernier de Conques a été conçu comme une fresque en relief.

Pour le visiteur qui débouche sur le parvis, le tympan, à 3,60 m du sol, reste remarquablement lisible malgré le foisonnement des personnages et la diversité des scènes représentées. Tout en effet s'ordonne autour de la figure centrale du Christ, démesuré par rapport aux autres personnages, et vers lequel le regard se trouve attiré. À sa gauche, « l'enfer est comme l'image négative du paradis, un anti-ciel. Dans un cas, tout est ordre, clarté, paix, contemplation et amour, dans l'autre, violence, agitation convulsive, effroi.» (Marcel Durliat)

La soumission des images aux textes, celui de l'évangile selon saint Matthieu pour l'essentiel, n'exclut jamais le réalisme. Par sa richesse iconographique, par sa tournure narrative et même didactique, le Jugement dernier de Sainte-Foy de Conques prétend s'adresser aux masses. On imagine fort bien les pèlerins du XIIe siècle sur le parvis de l'abbatiale, en train de déchiffrer une à une les scènes sous la conduite d'un moine.

Le dernier personnage retient l'attention par son étrangeté : est-ce une infirme aimée et guérie par le Christ, ou plus symboliquement l'image de la conversion ?

À la droite du Sauveur, une rangée dynamique de personnages en marche : Marie, Pierre l'apôtre, Dadon l'ermite fondateur de Conques, Oldoric l'abbé constructeur de l'église actuelle qui entraîne Charlemagne et sa suite, Jérôme le premier traducteur de la Bible hébraïque en latin, probablement Jacques l'apôtre et Alberte, martyre comme sa soeur Foy. Le dernier personnage retient l'attention par son étrangeté. Est-ce une infirme aimée et guérie par le Christ, ou bien peut-on y voir plus symboliquement, l'image de la conversion ? Ses pieds l'éloignent du Christ central, mais son corps et son regard se retournent vers le Sauveur par sa main ouverte comme Marie à l'Annonciation. C'est la même vision de foi qui fera chanter aux Noirs américains : « *O when the saints go'n marchin in, I want to be in that number* - Quand les saints seront en route j'aimerais être de ceux-là. »

Porche d'entrée dans l'église abbatiale, le tympan évoque le Jugement Dernier avec ces citations des derniers chapitres de l'évangile selon Matthieu : « Venez les bénis de mon Père », et la mémoire supplée la suite : « recevez le royaume préparé pour vous.» En contre-point : « Éloignez-vous vous de moi, vous tous qui faites le mal » ; ce mal qui est nommé sur le registre infernal : « cupidité, rapacité, violence, mensonge ». Pourtant, la main gauche du Sauveur est largement ouverte. Ouverte vers ceux du dessous, ceux de l'autre côté. À sa gauche, c'est le désordre : les liens de toutes sortes qui détournent et éloignent du centre salutaire. Observons les réprouvés, passifs, presque apathiques, alors que des monstres fantasmagoriques s'agitent, grimacent et torturent de mille façons et nous comprendrons mieux saint Jacques :

> *Que nul quand il est tenté ne dise : « ma tentation vient de Dieu car Dieu ne peut être tenté de faire le mal et ne tente personne ». Chacun est tenté par sa propre convoitise qui l'entraîne et le séduit. Une fois conçue, la convoitise enfante le péché, et le péché arrivé à son terme, engendre la mort.*
>
> Lettre de Jacques 1, 14-15

La main gauche du Sauveur est largement ouverte vers ceux du dessous, ceux de l'autre côté. À sa gauche, c'est le désordre : les liens de toute sorte qui éloignent du centre salutaire.

À l'opposé Abraham accueille, autour de lui, ceux que l'inscription latine nomme : « *casti, mites, pietatis amici* - chaste, doux, ami de la piété ». Une interprétation large y verrait la transparence des êtres chastes, la non-violence des doux évangéliques, l'attention aux exclus qui est la piété véritable. Ceux qui vivent de ces valeurs forment la cité sainte appelée Jérusalem céleste dans le livre de l'Apocalypse.

Autour d'Abraham l'ancienne et la nouvelle alliance s'équilibrent : prophètes et prophétesses d'un côté, apôtres, saintes femmes et vierges de l'autre. Voilà l'achèvement souhaité d'une vie lors du jugement rendu par le Sauveur du monde au huitième jour, le jour J, de la Délivrance rédemptrice. La liturgie de l'Avent le comprend ainsi lorsqu'elle invite à prier matin et soir : « Toi qui as annoncé ta venue comme juge, manifeste en nous ta puissance de salut ». Car le jugement dont il s'agit n'est pas un événement terrifiant : c'est la venue du Sauveur !

Ceci se retrouve dans l'interprétation spirituelle de la chanson de sainte Foy :

Celui qui le sert de bon cœur,
Il ne lui retient pas sa récompense.
L'humilité et la bonté, c'est ce qu'il cherche.

En effet, l'humilité figure en première place selon la tradition bénédictine. La Règle parle de douze degrés de cette vertu pacifiante.

Après avoir gravi tous ces degrés d'humilité, le moine parviendra bientôt à cet amour de Dieu qui, s'il est parfait, bannit la crainte. Grâce à cette charité, il accomplira sans peine, comme naturellement et par habitude, ce qu'auparavant il n'observait qu'avec frayeur. Il n'agira plus sous la menace de l'enfer mais par amour du Christ, sous l'effet d'une sainte accoutumance et de l'attrait délectable des vertus. C'est la grâce que notre Seigneur daignera répandre par le Saint-Esprit, dans son serviteur purifié de ses défauts et de ses péchés.

Règle de saint Benoît chap. 7

Viennent alors les trois grandes forces chrétiennes : la foi, l'espérance et la charité inscrites sur les phylactères angéliques. Sans oublier la persévérance, le tenir-bon des prophètes et des martyrs, qui manque si souvent :

Son coeur est ferme et fort et sain
et tient le Dieu du ciel pour souverain.
C'est ce que tout Chrétien doit faire.

Chanson de sainte Foy : XIe siècle

La légende* finale donne toute son actualité à cette sculpture incomparable :

O pêcheurs, si vous ne changez pas votre manière de vivre, apprenez la dureté du jugement final.

C'est donc la conversion, ici et maintenant, aujourd'hui sans attendre ni remettre à demain, qui est proposée, suggérée, demandée par ce message du XIIe siècle.

Alors que la plupart des visiteurs ne regardent que les merveilleux personnages sculptés et négligent les vers léonins qui les explicitent.

À gauche du tympan :

L'assemblée des saints se tient joyeuse, auprès du Christ Juge.
Ainsi sont données, aux élus vainqueurs,
la joie du ciel : la gloire, la paix, le repos et le jour perpétuel.
Les chastes, les pacifiques, les doux, les amis de la piété
ainsi se tiennent-ils joyeux, en sécurité, sans rien craindre.

À droite du tympan :

Les hommes pervers c'est ainsi qu'ils sont plongés dans le Tartare.
Les injustes sont justement torturés par les flammes
et les démons tremblent gémissant à perpétuité.
Les voleurs, les menteurs, les gens faux, cupides et rapaces
sont tous damnés avec les scélérats.

Tout en bas :

O pécheurs, si vous ne changez pas votre manière de vivre,
apprenez la dureté du jugement final.

* Etymologiquement, *legenda* : ce qui doit être lu !

L'ÉGLISE DE PÈLERINAGE

Entrons.

Comme dans un livre à ouvrir, une peinture à regarder ou une situation à vivre.

Entrons par la porte véritable qu'est le Christ : « *Je suis la porte. Si quelqu'un entre par moi, il sera sauvé, il entrera et sortira et trouvera un pâturage* » (Jean 10, 9). Et c'est le saisissement des sens : la lumière, les couleurs du calcaire jaunâtre, du grès rouge comme la terre et le vin de Marcillac, notre ville voisine. Bleu, vert, gris noirâtre ou brillant des schistes de la construction disposés en strates horizontales et qui extérieurement seront en harmonie avec les plombs des vitraux supérieurs.

Qui entre dans l'église de l'abbaye, seul ou en communauté, est pris par la hauteur des voûtes, par les perspectives de robustesse, de clarté et par la forte simplicité des colonnes romanes alternativement plates ou rondes pour terminer dans le lointain du choeur ou l'élévation des étages par une circularité toute céleste. Évocation implicite de saint Pierre : « *Vous-mêmes comme des pierres vivantes prêtez-vous à l'édification d'un édifice spirituel* » (1ère lettre de Pierre 2, 5).

Une architecture fonctionnelle

Par son plan cruciforme à déambulatoire et chapelles rayonnantes, Sainte-Foy de Conques appartient, avec Saint-Sernin de Toulouse et la cathédrale Saint-Jacques de Compostelle, à ce groupe d'églises dites « à reliques » échelonnées le long des routes de pèlerinage, témoins privilégiés, après neuf cents ans, du génie des bâtisseurs romans. Il s'agit d'une architecture éminemment fonctionnelle. Dans sa conception, elle répond à un double impératif : recevoir la masse des pèlerins qui affluaient à Conques, et permettre à la communauté des moines de s'assembler dans le chœur sept fois par jour pour les offices, de matines aux complies, selon la règle de saint Benoît.

Ainsi Sainte-Foy a-t-elle été pensée à la fois comme un sanctuaire de grand pèlerinage et comme une abbatiale, c'est-à-dire l'église d'une abbaye. Les habitants de Conques, eux, disposaient d'une église paroissiale distincte, sous le vocable de Saint-Thomas, maintenant disparue.

De l'ermitage à l'abbatiale

L'emplacement choisi par le solitaire Dadon, s'il convenait tout à fait à un ermitage, ne se prêta par la suite que fort mal à l'édification d'une église importante. Et la surface disponible restait limitée. Les contraintes topographiques du site expliquent donc le plan ramassé de l'abbatiale : abside de faible profondeur, nef courte (20,70 m) par rapport à un transept d'une ampleur inusitée (35 m). Et comme pour compenser la modestie de ses dimensions au sol, l'église s'est développée en hauteur. Songeons que Saint-Sernin de Toulouse, pour une longueur totale d'environ le double, a une hauteur sous les voûtes de la nef légèrement inférieure à celle de sainte Foy de Conques (21,10 m contre 22 m).

Conques III

Trois églises se sont succédé ici, sur le même emplacement. La première, construite au lendemain de la fondation du monastère, peu après l'an 800 sans doute, était dédiée au Saint-Sauveur. L'arrivée des reliques de sainte Foy, en faisant de Conques un centre de pèlerinage, rendit son remplacement indispensable et l'abbé Etienne, vers le milieu du Xe siècle, fit bâtir une basilique de taille plus importante dont nous avons une description sommaire dans le Livre des miracles de sainte Foy. Mais elle ne resta debout qu'une centaine d'années à peine.

La grande expansion du XIe siècle, avec l'afflux des pélerins de Saint-Jacques de Compostelle, permit à l'abbé Odolric (1031-1065) d'entreprendre la construction de l'abbatiale romane actuelle. Commencés par les parties basses du chevet, les travaux se poursuivirent en direction de l'Ouest pour s'achever, après plusieurs périodes d'interruption, sous l'abbé Boniface (1107-1125), trois quarts de siècle après.

L'eau sera-t-elle prise dès le départ pour signifier la croix et le baptême qui régénèrent chacun ? Souvenons-nous encore de sainte Foy.

Alors elle se signa avec les trois doigts
et pria Dieu qui a fait ce monde :
« Dieu qui me garde de tout mauvais penchant,
si maintenant vous m'aidez vous ferez bien
car aux tiens tu as dit : « Quand vous aurez besoin,
si vous le demandez, je viendrai aussitôt ».
Seigneur, je te prie de m'aider,
je t'implore de me guider.
J'en suis sûre, Seigneur, c'est toi qui tiens mon âme ».

Chanson de sainte Foy - XIe siècle

Une lente déambulation permet de faire jouer les volumes, de détailler un angle de vue, de se poser, de respirer et de prier. « *Vers toi j'élève mon âme* » (Psaume 25), chante le psalmiste.

Qui est-il Celui qui a inspiré de tels artistes, maîtres d'oeuvres et compagnons ? Les moines et chanoines, réguliers ou non, ont vécu pour Lui dans cette abbatiale. Celle-ci est surtout la « maison de prière pour tous les peuples » comme le dit le prophète Isaïe (56, 7) repris par Jésus lui-même (Matthieu 21, 13 ; Luc 19, 46).

Un haut lieu d'art roman attire aujourd'hui de l'Asie à l'Amérique. Peut-être croiserons-nous un touriste de ces lointains continents le long des magnifiques grilles forgées à partir des chaînes, colliers et bracelets de fer apportés par d'anciens prisonniers. *J'ai invoqué le Seigneur et il m'a délivré* : c'est un refrain de psaume dans la ligne des signes messianiques évoqués par Jésus pour caractériser sa mission.

L'Esprit du Seigneur est sur moi.
Il m'a envoyé annoncer aux captifs la délivrance...
et envoyer en liberté les opprimés.

Évangile de Luc 4, 18

Ses disciples auront à coeur de continuer cette oeuvre de libération dans bien des domaines.

La petite martyre d'Agen, maintenant de Conques, était invoquée ainsi par les captifs qui offraient l'instrument de leur détention en ex-voto.

De là, les grilles furent travaillées avec ces volutes si fines et si différenciées. Aux yeux de Bernard d'Angers elles formaient la plus admirable décoration de l'église après les joyaux du Trésor. Est-ce cette délivrance des captifs qui fait invoquer sainte Foy pour permettre au couple stérile d'avoir un enfant ?

Matin, midi et soir la prière chorale enchante le lieu. Elle fait la trame des journées et le cœur de notre consécration :

Soyez assidus aux prières (Col 4, 2), aux heures et aux temps fixés. À l'oratoire, qu'on ne fasse rien à l'encontre de la destination d'où il tient son nom. Si parfois des frères, en dehors des heures fixées, en leurs loisirs, veulent y prier, qu'ils n'en soient pas empêchés par ceux qui s'y seraient permis quelque ouvrage.

Aux psaumes et aux hymnes de vos prières à Dieu, méditez en vos coeurs les paroles de vos lèvres. Et ne chantez que sur prescription ; si mention n'est pas faite du chant, ne chantez pas.

Règle de saint Augustin.

La prière des heures, célébrée par les frères auxquels chacun peut se joindre c'est l'*opus Dei*. Littéralement, l'oeuvre divine, le travail de Dieu. Il s'agit de se livrer à lui et de faire remonter toute la création en louange. « *Les paroles nous sont nécessaires à nous, afin de nous rappeler et de nous faire voir ce que nous devons demander. Ne croyons pas que ce soit afin de renseigner le Seigneur ou de le fléchir* » écrit Augustin à Proba.

Le temps donné au recueillement et à la prière sera-t-il louange, intercession, méditation ou action de grâce ? Silence, écoute, pacification... L'Esprit souffle où il veut et inspire chacun en libérant sa réponse.

LES CHAPITEAUX

« *Lève les yeux aux alentours et regarde* » dit le prophète Isaïe (49, 18).

Celui qui habite l'abbatiale plusieurs fois par jour et plusieurs années de sa vie n'élève pas seulement son âme vers Dieu. Il lève les yeux en distraction ou en méditation, en curiosité ou en émerveillement. Les chapiteaux contribuent à équilibrer et ouvrir son esprit. Découvrons-les.

Les plus anciens, tout simples, aux lignes très pures, modernes de ce point de vue, sont auprès de la sacristie et face à l'ancien autel saint Pierre, aujourd'hui retable baroque de sainte Foy. Ils ne distraient ni le passant ni le priant. Ils le recentrent et provoquent l'admiration : sentiment qui anime le Ravi de la crèche en Provence !

Plus saillants, d'autres chapiteaux laissent se recourber des feuillages. Lorsque le regard s'évade et se disperse, il est comme accroché par cette saillie discrète. Et le rythme des colonnes comme des tracés de Soulages peut contribuer à « *méditer au fond de son cœur ce que les lèvres prononcent* » (Règle de saint Augustin).

Remarquables aussi les têtes de Pierre et de Paul dans la trompe de la tour lanterne : les deux apôtres, colonnes de l'Église primitive, précèdent la nef des fidèles et font face à l'archange Gabriel, trois fois représenté dans l'édifice pour marquer l'insistance sur l'origine du Christ, son incarnation.

Plus de trois cents chapiteaux sculptés

Les structures internes de l'abbatiale Sainte-Foy multiplient comme à plaisir le nombre des chapiteaux. Ici, « ce n'est plus la notion de mur qui s'impose, c'est celle de la colonne et du portique… Et les arcades désormais occupent la totalité de la hauteur » (P. Francastel). Partout où règne l'arcade, les chapiteaux jouent leur rôle architectonique de supports, tout en offrant sur leurs corbeilles et leurs tailloirs un champ presque illimité à l'ornementation (entrelacs et feuilles d'acanthe), aux thèmes figuratifs, en particulier ceux tirés des Bestiaires (sirènes, griffons…), aux scènes religieuses (sacrifice d'Abraham, Annonciation,…) ou profanes (duel entre hommes d'armes, par exemple).

Ainsi l'église de Conques, à l'intérieur, ne compte pas moins de deux cent cinquante chapiteaux sculptés, une trentaine à l'extérieur. La construction du cloître par l'abbé Bégon III, à la charnière du XIe et du XIIe siècles, entraîna à son tour une véritable floraison de chapiteaux. Dix-neuf d'entre eux restent en place dans la galerie occidentale ouvrant sur l'ancien réfectoire. D'autres se trouvent déposés au musée lapidaire. Mais un certain nombre a disparu après la ruine et la destruction du cloître, vers 1830.

La « *Chanson de sainte Foy* »

La *Chanson de sainte Foy*, est l'un des touts premiers témoins de la littérature en langue d'oc, en vieux rouergat pour être plus précis. Ce poème composé vraisemblablement à Conques dans les années 1060-1070, était chanté et même peut-être joué devant les pèlerins. Il a ainsi largement contribué à la popularité de sainte Foy et à la vulgarisation des images de sa vie et de son martyre.
La comparution de la jeune chrétienne devant le gouverneur romain Dacien, chargé de faire appliquer l'édit de persécution de 303, forme le cœur même de la Chanson.

Les chapiteaux historiés ? Ils se laissent découvrir progressivement : le cycle de saint Pierre, le non-sacrifice d'Isaac par Abraham, la belle légende d'Alexandre le Grand arrivant dans les hauteurs célestes grâce à deux griffons ailés où l'on voyait, comme en filigrane, l'ascension du Christ, l'arrestation de sainte Foy.

Les six personnages alignés autour de la demi-corbeille du chapiteau sont les acteurs d'une scène qui s'inspire directement, semble-t-il, de la « Chanson de sainte Foy ».

Quand la « *Chanson de sainte Foy* » inspirait le sculpteur roman

Parmi les chapiteaux historiés de l'abbatiale, celui de l'arrestation et de la condamnation de sainte Foy, à l'étage inférieur de la nef, sur la quatrième pile nord, peut être considéré comme l'une des meilleures réussites de la sculpture romane conquoise. On y a même vu la main du maître du tympan.

Sur la corbeille, à l'angle gauche, Dacien couronné et assis sur un trône possède tous les attributs du pouvoir. À l'opposé, sainte Foy, la main ouverte sur la poitrine, marque déjà son acceptation du martyre. En fait, ce sont plusieurs scènes qui se jouent ici entre les deux personnages principaux.

1 - Dacien convoque la jeune chrétienne. Mais, avant de la menacer, il s'efforce de l'amadouer pour la faire renoncer à sa foi chrétienne :

Il envoye vers elle en grande hâte
Et enjoignit que nul ne la menaçat
Amenez-la moi gentiment par le bras...

Plus loin dans le texte, il dit encore :

Va prends-la gentiment par la main droite
(Vait, gent, la pren per le destre man)
Et mène là au-dedans du temple ...
Qu'elle offre de l'encens au dieu Silvain.

2 - Sainte Foy, elle, se recommande à Dieu.

Et elle prie Dieu, par sa puissance
Qu'il l'aide dans ce besoin ...
Et se recommande à Sainte Croix.

Son appel a été entendu. Derrière elle, son ange gardien, portant la croix, lui pose familièrement la main sur l'épaule dans un geste d'encouragement.

3 - Sainte Foy reste inébranlable face aux menaces de Dacien.

Comme le fourbe puant entend
Que sa volonté à elle ne change pas,
Il s'irrite aussi fort que fait un serpent

Effectivement, le serpent, symbole du mal, est représenté entre les mains du diable qui se tient derrière Dacien , une incarnation de son mauvais génie.

4 - Sainte Foy est condamnée à mort et Dacien remet l'épée au bourreau.

Et il cria très fort aux siens ...
Tranchez la tête de ce corps.

Commentaire de Jean-Claude Fau

VITRAGES DE SOULAGES

Lumières ! Clartes et ombres. Transparence ou plutôt transfiguration de ces gris blanchâtres, de ces blancs grisés ou mordorés, le « Soleil levant vient nous visiter pour illuminer ceux qui demeurent dans les ténèbres et l'ombre de la mort » (Luc 1, 78-79). C'est le chant des frères chaque matin avec le cantique de Zacharie, père de Jean-Baptiste. Harmonie secrète des étains de l'orgue avec les vitrages de Soulages. Non pas vitraux au sens de Chartres ou du Mans, historiés, coloriés. Mais vitrages car ils ne se laissent découvrir, comme une personne, comme un visage, qu'à celui qui les fréquente. A toute heure du jour, en toute saison. Et leurs lignes fortes, obliques, donnent à penser ; un peu comme un jardin zen où le râteau sur le sable laisse des traces invitant à la méditation. Dans un monde contemporain saturé d'images, n'est-ce pas leur absence, en ces vitrages, qui peut refléter ou laisser espérer l'ombre de l'inconnaissable et la lumière révélée du Tout-Autre ?

Admirons les grandes baies vitrées du transept nord. En comparaison, celles du transept sud souvent ensoleillées, sont manifestement plus étroites.

Le groupe sculpté de l'Annonciation est à détailler ici. La Vierge ouvre la main droite de l'acceptation tandis que son ouvrage est recueilli, selon un apocryphe, par la petite servante sculptée en retrait de sa main gauche. De chaque côté de ce diptyque deux précurseurs : Isaïe qui prophétisa que la jeune fille, vierge, enfantera Dieu-avec-nous, l'Emmanuel, et Jean, le baptiseur, qui désigne son cousin, aux disciples : *« Voici l'Agneau de Dieu »*.

Le détail des cent quatre ouvertures travaillées et traitées individuellement peut être observé avec attention et bienveillance.

« Que rien ne te trouble, que rien ne t'agite, seul Dieu suffit : *solo Dios basta* », s'exclamait Thérèse d'Avila.

Qui devinera que des vies parfois ternes et grises comme le verre façonné ici, peuvent devenir lumineuses presque éblouissantes lorsqu'elles laissent passer la Lumière du Verbe fait chair, celui que le sculpteur a si bien pressenti dans la rencontre de Gabriel et de Marie à l'Annonciation du transept nord.

Au principe, au commencement était la parole, le Verbe.
La parole était chez Dieu et la parole était Dieu.
Elle était au principe chez Dieu.
Tout a existé par elle
et rien de ce qui existe n'a existé sans elle.
En elle était la vie et la vie était la lumière des hommes.
La lumière brille dans les ténèbres et les ténèbres ne l'ont pas trouvée.

Évangile de Jean I, 1- 5

« Je suis un peintre abstrait, et mon travail est étroitement lié à la lumière. J'ai donc cherché à concevoir des vitraux comme sources de lumière, dans le plus grand respect de l'architecture romane et de l'émotion qu'elle suscite. J'ai imaginé des lignes courbes qui joueraient avec les verticales et les horizontales du lieu. Les murs appartiennent au monde de l'opacité, de l'obscurité, de la pesanteur, et c'est pourquoi j'ai évité les redites formelles : il n'y a pas d'orthogonales, mais des lignes souples évoquant plutôt un souffle que la pesanteur. Je les ai dessinées grandeur nature à l'aide de chatterton sur du carton blanc pour me rendre compte des proportions et de l'effet produit. Le verre blanc s'est alors tout de suite imposé à mon esprit ; lui seul pouvait respecter l'identité du lieu. (...)

J'ai donc souhaité du verre blanc, translucide et non transparent, afin qu'il diffuse la lumière tout en protégeant le lieu de toute vue de l'extérieur, de toute distraction. Ici, encore je n'invente rien, puisque la règle cistercienne multipliait les réseaux de plomb afin de brouiller la vue. »

Pierre Soulages
Propos recueillis par Olivier Cena

Reliques et reliquaires

Le trésor millénaire

Le culte des reliques, en se diffusant à partir du haut Moyen Age, devait donner une impulsion décisive à l'art de l'orfèvrerie et à ses annexes, la joaillerie, l'émaillerie. La splendeur des reliquaires d'or ou d'argent ouvragés, constellés de pierreries, contribue à la gloire du saint, et apparaît comme une manifestation de sa puissance.

On admet aujourd'hui, à la suite des recherches de Jean Taralon, que la confection de la statue-reliquaire, la « Majesté », de sainte Foy dans sa présentation initiale, se situe immédiatement après la « translation furtive » depuis Agen, en 866. Un premier développement du trésor d'orfèvrerie se place aux environs de l'an Mil, à une époque où se multipliaient les donations en faveur de la sainte : bijoux, joyaux ou métal précieux. Le *Livre des Miracles* (I-25) atteste alors l'existence d'un atelier d'orfèvrerie dans le monastère. Par la suite, l'abbatiat de Bégon III (1087-1107) qui a marqué l'apogée de l'abbaye, fut aussi la grande époque de l'orfèvrerie conquoise. La Chronique du monastère a mis en évidence le rôle de ce prélat « qui fit placer dans l'or de nombreuses reliques ». Deux pièces célèbres entre autres, le « A » de Charlemagne et la « lanterne » de saint Vincent, ont été exécutés ici sur sa commande. L'abbé Boniface qui lui succède (1107-1125), poursuit son oeuvre dans ce domaine. On lui doit le coffret-reliquaire de sainte Foy avec ses splendides médaillons d'email champlevé.

LE TRÉSOR

En sortant de l'église et en descendant dans ce qui reste du cloître, chacun peut flâner auprès du bassin de serpentine où l'eau claire reçoit les piécettes plus ou moins superstitieusement jetées : jeu ou mythe ? En tous cas, lieu actuel d'attraction et de paroles, alors qu'autrefois le jardin fermé du cloître rappelait que la gloire de l'être est intime : *« omnis gloria ab intus* - Toute sa gloire vient de l'intérieur » dit le psalmiste (psaume 44, 14).

Revers de la croix en argent. Trésor, fin XVe siècle.

À l'époque gothique, le trésor continua de s'enrichir ; au XIIIe siècle d'abord, avec le bras-reliquaire de saint Georges et la statuette de la Vierge à l'Enfant. À l'extrême fin du Moyen Age, les moines firent appel à des orfèvres de Villefranche-de-Rouergue, notamment à Pierre Frechrieu qui a marqué de son poinçon deux oeuvres de haute qualité : la croix de procession en argent et la statuette de sainte Foy datée de 1497.

Le sauvetage du trésor pendant la Révolution

Par leur fragilité et surtout par les convoitises qu'ils n'ont cessé d'inspirer, rares furent les reliquaires et les objets sacrés d'or ou d'argent à avoir traversé les siècles sans encombre. C'est le privilège unique de Conques que d'avoir su garder, aux côtés de l'abbatiale romane, son trésor millénaire.

Pourtant, avec la Révolution française, le danger s'était fait des plus pressants. 1792 : un arrêté du représentant en mission de la Convention dans le département de l'Aveyron annonçait : « *Toutes les matières d'or, d'argent, de cuivre ou de bronze, de nature à être converties en monnaie, existant dans les églises, seront envoyées incessamment à la Monnaie de Toulouse* ». À Conques, un véritable complot se prépare alors sous la conduite d'un ancien chanoine, avec l'aide d'hommes sûrs. À la faveur d'un orage, ils se dirigent de nuit vers l'église, munis de corbeilles, prennent les reliquaires et se les répartissent, avant d'aller les dissimuler chez eux. À l'arrivée des commissaires et des gendarmes venus d'Aubin, le chef lieu du district, on mit le larcin sur le compte de chaudronniers ambulants. Et les choses en restèrent là.

Au fond des arcades du cloître s'ouvre la chapelle des reliques : le Trésor.

Au-delà de la splendeur de l'orfèvrerie incomparable des reliquaires, autels portatifs, croix et calices ; plus merveilleux que le travail de précision et d'invention créatrice des émaux, des ciselures sur le cuivre, l'argent niellé ou l'or, c'est le témoignage d'hommes et de femmes qui n'ont pas hésité à aller jusqu'au don de leur vie, jusqu'à la mort souvent sanglante pour sceller leur attachement au Christ, qui est admirable : *« Là où est ton trésor là est ton cœur »* (Luc 12, 34).

Celui qui regarde le doigt au lieu de découvrir la lune ou l'astre qui lui est indiqué n'entre pas dans l'intelligence des sages, dit un vieux proverbe chinois.

Il en est ainsi de celui qui s'arrête aux pierres précieuses, camées ou intailles, filigranes ou incrustations rares, au lieu de méditer sur l'attrait unique exercé par Jésus de Nazareth reconnu comme Fils de Dieu, Verbe fait chair, Messie-Christ ! Et sur la vénération de tout ce peuple chrétien, qui au long des siècles a honoré ses martyrs, témoins de la foi et de l'espérance vécues, animée d'une charité véritable, même et surtout envers leurs bourreaux.

Que signifie la vénération des saints ?

Mais justement de vérifier dans leur vie une affirmation qui ne peut apparaître comme une vérité que dans une histoire humaine. Nous leur demandons d'être transparents à Dieu, d'être cet espace de lumière, de devenir en nous un ferment de libération. Ce ne sont pas les livres, les documents, les raisonnements qui pourront jamais nous convaincre et nous convertir. Ce qu'il faut, c'est la lumière d'une vie, le rayonnement d'un visage, le battement d'un cœur, c'est le don de toute une vie.

Maurice Zundel

Emmanuel Garland propose, lui, de regarder ces reliquaires non comme de simples oeuvres d'art, mais aussi comme des expressions et des véhicules de la foi de ceux qui les ont fait réaliser, au même titre que les tympans sculptés ou que les fresques romanes. *« Le culte de Sainte Foy n'est pas qu'hagiographique mais s'inscrit dans la perspective christologique du Mystère de la Crucifixion et de la Rédemption ».*

Majesté de sainte Foy, statue reliquaire en bois recouvert de plaques d'or et d'argent doré, incrustées de pierres précieuses, de cristaux de roche et d'émaux.

Détail : Tête, provenant peut-être, d'une statue du Bas-Empire (IV-Ve siècle).

Bernard d'Angers, au XIe siècle, après avoir suspecté et dénié ces reliques et reliquaires s'exclamera :

O Sainte Foy, vous dont une relique est renfermée dans cette statue, soyez-moi favorable au jour du jugement.

O fidèles, écrivez ces miracles sur les tables de votre cœur, louez les mérites de Sainte Foy, martyre, et efforcez-vous de l'imiter le plus possible par vos bonnes œuvres.

Courez à son sépulcre, demandez avec foi le salut de vos âmes.

N'est-il pas facile de comprendre que si elle sauve généreusement la part inférieure de l'homme, son corps, plus généreusement encore sauvera-t-elle une âme qui la prie droitement ?

Liber miraculorum

La fête des reliques en 1803

Avec le rétablissement de la paix religieuse par Bonaparte, les objets du trésor furent scrupuleusement restitués. Le 1er janvier 1803, la croix de procession en argent de Pierre Frechrieu, après plus de dix ans d'absence, fut ramenée la première dans l'abbatiale. Puis on choisit d'attendre la fête des reliques, une fête propre à l'église de Conques et fixée traditionnellement au deuxième dimanche après Pâques, un 24 avril cette année-là.

La Majesté d'or de sainte Foy, les reliquaires aux noms prestigieux, les autels portatifs, etc. extraits des caches où ils se dissimulaient : caves et greniers, cheminées, séchoirs à châtaignes, sont transportés en procession, étincelants dans la lumière du jour retrouvé, en direction de l'église. Le curé de Conques, l'abbé Aymé, rentré pour sa part d'un long exil en Espagne, pouvait noter : « *Le concours de population des environs a été immense, tant le peuple a de dévotion aux saintes reliques exposées dans notre église, ce qui m'a rempli de joie.* »

À gauche : Reliquaire de Pépin (XIe siècle).
À droite : Lanterne de Bégon (XIe siècle).

Bénédictins et Prémontrés

Les moines bénédictins, contrairement aux cisterciens ou aux chartreux, soucieux avant tout de préserver leur solitude, suscitèrent la naissance et le développement d'agglomérations à proximité de leurs abbayes. L'origine de ces bourgs monastiques s'inscrivit souvent dans le mouvement général de paix qui a marqué la Chrétienté à partir du Xe siècle. Face aux guerres féodales incessantes, aux violences et actes de brigandage qui les accompagnaient, l'Eglise eut le souci de promouvoir la protection des faibles. Les grands monastères comme Sainte-Foy de Conques, au nom du droit d'asile, organisaient des territoires sauvegardés, délimités par des croix. Les moines furent appelés ainsi à accueillir des gens venus d'horizons divers, paysans spoliés, serfs fugitifs, marchands en quête de la sécurité indispensable à leurs activités, beaucoup de miséreux aussi.

MOINES ET CHANOINES RÉGULIERS

Après avoir parcouru ce village avec son abbatiale, son vestige de cloître et ses reliques si merveilleusement enchâssées, voyageons dans l'histoire.

Une abbaye est un lieu où des personnes saisies par le désir de suivre le Christ, se regroupent sous la direction d'un père spirituel. Abba en hébreu puis abbas en grec donne l'abbé : celui qui tient lieu du Père. Sans contredire l'injonction de l'évangile :

> *« N'appelez personne sur terre père ou maître, car vous n'avez qu'un seul Père dans les cieux. »*
>
> Évangile de Matthieu 23, 9

Coordonner la recherche de Dieu et l'équilibre communautaire c'est la belle mission de l'abbé bénédictin ou prémontré.

Dans son enseignement, l'abbé doit suivre toujours le modèle que lui donne l'apôtre quand il dit : « reprends, supplie, menace. » Ainsi il doit varier sa manière selon les circonstances, mêlant douceurs et menaces, montrant tantôt la sévérité d'un maître, tantôt la tendresse d'un père. Ainsi, encore, reprendra-t-il plus durement les indociles et les turbulents, tandis qu'il se contentera d'exhorter au progrès ceux qui sont obéissants, doux et patients. Quant aux négligents et aux rebelles, nous l'avertissons de les réprimander et de les corriger.

Règle de saint Benoît chapitre 2

L'origine de bien des abbayes vient d'un homme de foi : un ermite dit-on alors. Dadon, à Conques, est de ceux-là. Ces ermites s'entourent souvent de disciples. Ainsi naît un monastère qui se met en lien avec d'autres, sous une Règle. Celle de saint Benoît sera imposée par Louis-le-Pieux à tous les moines de l'empire. La Règle de saint Augustin sera choisie par les religieux inscrits au canon d'une église et qui se nomment donc chanoines. Ainsi de l'ermite Turstin à Mondaye en Normandie qui s'agrégea à l'ordre de Prémontré, fondé en 1120 par Norbert de Xanten au diocèse de Laon. Ce lieu-dit essaimera rapidement à tel point que l'on pourra écrire que les abbayes du XIIe siècle s'équilibraient tel un damier entre cisterciens de saint Bernard et prémontrés de saint Norbert.

Conques sera d'abord bénédictin puis des chanoines séculiers le desserviront progressivement jusqu'à l'abandon religieux du site.

L'ermite fondateur

Vers la fin du VIIIe siècle, un saint ermite dénommé Dadon, ou Datus (abréviation de Deodatus, en latin : *celui qui est donné par Dieu*, parfois compris comme : *celui qui s'est donné à Dieu*), choisit cet endroit désert pour y mener une vie contemplative. Peu après, selon une charte de 819, un homme plein de piété, Medraldus, vint se retirer dans le même lieu et vécut avec Dadon. La renommée de leur sainteté se répandit dans les pays voisins. D'autres compagnons ne tardèrent pas à les rejoindre. Ainsi naquit une petite communauté monastique qui adopta bientôt la règle de saint Benoît et éleva une église dédiée au Saint Sauveur.

Mais Dadon, estimant alors sa mission accomplie, et fidèle jusqu'au bout à son idéal de solitude, avait laissé à Medraldus la direction du monastère pour s'installer dans la vallée du Dourdou, à quelques kilomètres en aval de Conques, à l'endroit où allait naître le village de Grandvabre, autour de son tombeau.

Faveurs impériales

Pourtant, l'abbaye Saint-Sauveur aurait été condamnée à végéter, ou même à disparaître, par suite de son isolement et de la pauvreté des sols, sans l'intervention de Louis-le-Pieux (ou le Débonnaire), alors roi d'Aquitaine du vivant de son père Charlemagne. Un contemporain, Ermold le Noir, écrivait dans un poème latin en son honneur : « *Le roi Louis, le premier, lui a donné le nom de Conques... Autrefois asile des bêtes fauves... aujourd'hui, on y voit briller une troupe de pieux frères. Le monastère qui les renferme, le religieux monarque l'a construit de ses dons, en a posé les fondements, l'a comblé de biens* ».Louis-le-Pieux se serait rendu à Conques à plusieurs reprises. C'était l'époque en effet où les souverains carolingiens, dans un empire où subsistaient encore de larges taches de paganisme et de barbarie, faisaient tout pour favoriser les abbayes, foyers de vie spirituelle, mais aussi d'activités intellectuelles, artistiques ou même économiques.

Devenu empereur, Louis n'oublia pas Conques. En 819, il ne fit pas moins de dix donations de terres en faveur de Saint-Sauveur, rattaché au domaine royal et exempté d'impôts. De riches particuliers suivirent le mouvement, et très tôt l'abbaye se trouva à la tête d'une contrée, qui correspond à peu près à l'actuel canton de Conques.

Mais la mémoire collective oublia vite Louis-le-Pieux, le bienfaiteur, au profit de son père, le prestigieux Charlemagne. Un reliquaire du trésor et une rue du village portent son nom. Et sur le tympan du Jugement dernier, c'est l'empereur à la barbe fleurie qui a pris place, avec l'ermite Dadon, le fondateur, dans le cortège des élus en marche vers le Christ.

Avec la renaissance de l'abbatiale sous l'impulsion de Prosper Mérimée, Mgr Bourret, évêque de Rodez, cherchera des religieux. Les bénédictins se dérobent : il fait appel aux prémontrés de l'abbaye de Saint-Michel de Frigolet alors en pleine refondation et leur confie à perpétuité la garde des reliques et reliquaires ainsi que la paroisse. (Décret de Mgr Bourret, 6 octobre 1887, entériné le 15 mai 1888 par Rome).

L'expulsion des religieux en 1905 sera tempérée par la présence maintenue d'un frère qui se fera séculariser et restera ainsi sur place jusqu'au retour d'exil.

Tout récemment, en 1992, l'abbaye normande de Mondaye en lien étroit avec Frigolet reprend l'animation de Conques. Plusieurs frères y mènent la vie commune, la mise en commun des biens avec les trois voeux religieux en référence à leur abbaye d'origine. C'est le vœu de stabilité. À l'instar des moines, les chanoines assurent la prière officielle de l'Église : l'office divin, toujours ouvert aux pèlerins, aux hôtes occasionnels et aux chrétiens du village. Celui-ci est animé pastoralement par un des frères qui a « soin des âmes », c'est le beau sens étymologique de *curé*. Deux autres villages voisins sont aussi dans cette charge pastorale actuelle qui s'ouvre aux pèlerins et visiteurs.

Procession des reliques de sainte Foy à Conques lors de la fête annuelle, le 10 octobre 1993.

Le renouveau du pèlerinage de sainte Foy

En 1873 le diocèse de Rodez était entre les mains d'un évêque à la forte personnalité, Mgr. Bourret, élevé au cardinalat par le pape Léon XIII, vingt ans plus tard. Désireux d'assurer la restauration spirituelle de l'ancienne abbaye de Conques, il fait appel aux pères Prémontrés de Saint-Michel de Frigolet en Provence. En même temps, il adresse aux fidèles de son diocèse un mandement annonçant « la reprise solennelle de l'antique pèlerinage de sainte Foy de Conques », en sommeil depuis la Révolution.

Il existait pourtant une sérieuse ombre au tableau : on ignorait en effet ce qu'étaient devenues les reliques de sainte Foy, même si une rumeur persistante, transmise de génération en génération, affirmait qu'elles se trouvaient cachées quelque part dans l'église. Quant à la statue-reliquaire, la « majesté » d'or, nul ne savait plus au juste ce qu'elle pouvait contenir.

Le 21 avril 1875, un ouvrier effectuait des travaux derrière le maître-autel, dans le massif de maçonnerie qui consolidait la colonnade du choeur, depuis que les protestants avaient tenté d'incendier l'abbatiale, à l'époque des guerres de religion. Et là, dans une cache, il découvrit une caisse de bois renfermant le coffret reliquaire de sainte Foy, en cuir clouté et orné de splendides médaillons en émail champlevé, que l'abbé Boniface avait fait exécuter au début du XIIe siècle. On y trouva une série d'ossements ayant appartenu à un même corps, celui d'une toute jeune fille selon les médecins experts. Il s'agissait bien des reliques de la sainte, cachées là à la fin du XVIe siècle par crainte des huguenots.

DES RELIGIEUX

La vie fraternelle, communautaire des religieux a bien deux faces : celle d'une conversion permanente décrite dans la maxime célèbre « *vita communis maxima paenitentia* - la vie communautaire est le lieu de la plus grande pénitence au sens du retournement intérieur de l'être » ; celle d'une joie profonde évoquée par le psaume 133-132 « *quam bonum et quam jucundum habitare fratres in unum* - qu'il est bon, qu'il est doux d'habiter en frères tous ensemble ». Vivre en frères, avoir une seule âme et un seul coeur c'est la concorde tant de fois rappelée par les lettres apostoliques ou par saint Augustin, notre législateur : « *Avant tout, vivez unanimes à la maison, ayant une seule âme et un seul cœur en quête de Dieu. N'est-ce pas la raison même de votre rassemblement ?* »

Dans la diversité des caractères, des formations, des origines sociales et géographiques, l'unité ne peut venir que de la recherche du sens profond de la vie de chacun en Dieu. Dans le quotidien l'unanimité évangélique est facilitée par la mise en pratique de cet adage ecclésial : « *in necessariis unitas, in dubiis libertas, in omnibus caritas* ». Dans ce qui est nécessaire, indispensable : l'unité. Dans ce qui est douteux selon l'opinion légitime des uns et des autres : la liberté. Mais toujours et en tout l'amour, celui qui vient de Dieu et qui mène à Lui. Car c'est la charité qui réalise cette communion profonde de la vie fraternelle religieuse. Et tout simplement de chaque vie chrétienne.

Moines bâtisseurs (chapiteau du cloître).

Cette expérience de fraternité religieuse se répercute en quelque sorte avec les hôtes, les pèlerins et les paroissiens. Dans une rencontre profondément humaine qui n'exclut aucun domaine de ce qui fait notre être, y compris son origine et sa destinée divines. L'orientation de toute l'humanité et de tout le cosmos vers la Gloire de Dieu est désignée par les termes précis de *parousie* et d'*eschatologie*. Et le Christ en Majesté du tympan annonce cette gloire de la fin des temps mais il la révèle aussi en tout être humain regardé avec compassion et tendresse.

La procession triomphale de 1878

Le coffre de sainte Foy nécessitait une restauration complète. Une fois les reliques retirées, il fut envoyé à Paris chez l'un des meilleurs spécialistes de l'époque, l'orfèvre Poussielgue-Rusand. La « majesté » de sainte Foy, pour laquelle des travaux de consolidation s'avéraient également nécessaires, suivit le même chemin. Auparavant, Mgr. Bourret eut l'occasion d'en examiner le contenu. Et ce ne fut pas sans émotion qu'il découvrit, à l'intérieur d'une cavité creusée dans l'âme de bois de la statue, la voûte cranienne d'une adolescente d'une douzaine d'années, une relique que nul n'avait eu sans doute le privilège de contempler depuis le Xe siècle.

La statue et le coffre, restaurés, arrivèrent à Rodez le 5 octobre 1878, veille de la fête de sainte Foy. Ils furent conduits aussitôt dans la cathédrale. Le samedi 12 au matin, par un temps radieux, les reliquaires quittèrent Rodez sur les épaules de séminaristes en tête d'une imposante procession. Et ce fut une marche triomphale, de paroisse en paroisse, sur une quarantaine de kilomètres jusqu'à Conques.

Porte du logis abbatial (XVe) au centre d'accueil de l'abbaye.

L'HOSPITALITÉ

Qu'il est difficile de différencier le touriste du pèlerin ! Les anciens guides du chemin de saint Jacques ne marquaient-ils pas « vault-le détour » ? Indiquant ainsi qu'un pèlerin peut se détourner de sa route pour admirer, voir, rencontrer une curiosité, un monument, un sanctuaire. Inversement, qui ne s'est pas arrêté, en vacances, saisi en profondeur par un paysage splendide, un partage véridique, un instant plus ou moins prolongé de silence, de recueillement ou de prière ?

Ainsi chez ceux qui font le détour pour venir en notre village et son abbaye, maintenant prieuré, le choc émotionnel et esthétique provoquera t il une interrogation plus profonde qui rejoint le grand questionnement de toute vie : son origine, sa densité, son terme ?

Au gîte d'étape, dans un des hôtels locaux, le pèlerin, le touriste se restaure et se repose. Au centre d'accueil de l'abbaye, il devient un hôte reçu par « des hospitaliers ». Ces anciens pèlerins devinent souvent le silence et la démarche de celui qui arrive chargé de ce dont il espère faire le tri, le choix, ou même se débarrasser et s'alléger. Car le chemin parcouru permet de se recentrer sur l'essentiel de la vie : pour quoi ou pour qui est-elle vécue ? Par qui est-elle donnée, confiée, et ses épreuves sont-elles déstabilisation ou remise en cause pour une plus grande authenticité humaine, voire chrétienne ?

D'autres bénévoles se joignent à eux pour ce service simple et vrai, qui comporte la possibilité de se joindre à la prière - l'office - ainsi qu'à l'eucharistie quotidienne.

Glanons quelques expressions dans le livre d'or laissé à leur disposition.

Des routiers qui ont trouvé joie, repos et accueil chaleureux souhaitent que leur route ne s'arrête pas là : « Seigneur, qui nous donnez la Vie, donnez-nous de marcher encore plus loin... »

Des guides qui nous ont aidés écrivent que les quelques services rendus leur laissent des souvenirs inoubliables : « Les personnes rencontrées (pèlerins, bénévoles, frères...) nous ont fait réfléchir quant à notre engagement de guide dans notre unité et dans la vie quotidienne ».

Sérénité, repos, beauté, lumière, lieu chaleureux et action de grâces sont des expressions qui reviennent fréquemment dans cet aide-mémoire où chacun peut inscrire son passage : « Nous quittons ces lieux fantastiques, totalement abasourdis par toutes ces merveilles, par l'unité et l'harmonie de ces chefs-d'œuvre et du site où tout incite à la méditation et à la foi ».

Les intuitions de Dante dans sa Divine Comédie prennent alors tout leur sens :

Les nouveaux venus levèrent les yeux vers nous et dirent : « Si vous le savez, montrez-nous le chemin qui va sur la montagne ...

Virgile répondit : Vous croyez peut-être que nous connaissons bien ces lieux ? Nous sommes pèlerins comme vous.

Nous venons d'arriver, un peu avant vous, par une autre route, qui fut si âpre et dure que monter désormais nous paraîtra un jeu.

Courez à la montagne, perdre cette écorce qui vous empêche de voir Dieu » (...)

N'attends plus de moi paroles ni signes : ton choix est libre, droit et sain ; la faute serait de ne pas le suivre. Je te couronne et te mitre du pouvoir sur toi-même.

REGARD

Les choses nous rendent regard pour regard. Elles nous paraissent indifférentes parce que nous les regardons d'un regard indifférent. Mais pour un œil clair, tout est miroir ; pour un regard sincère et grave, tout est profondeur.

Bachelard

Il en est du chemin, ici comme de la ville antique. Le chemin, *el Camino*, celui de Saint Jacques de Compostelle, est unique comme la Ville : Urbs, pour la Rome de l'Empire.

Unique aussi est le chemin que la vie propose ou impose, que la conscience ratifie ou rectifie, car il révèle un appel intérieur, une vocation.

Chacun n'est-il donc pas pèlerin en quête de sens ?

« Je vais vous donner un avenir, une espérance, dit le Seigneur. Vous m'invoquerez, vous ferez des pèlerinages, vous m'adresserez vos prières et moi je vous exaucerai.
Vous me chercherez et vous me trouverez : vous me chercherez du fond de vous-mêmes et je me laisserai trouver par vous ».

Livre de Jérémie 29, 12-13

Saint-Jacques.
Oeuvre contemporaine de Jean-Pierre Caen, sculpteur à Conques.

Ainsi de cet hôte récent : « L'heure du départ approche et déjà la paix de ce beau lieu cède à l'angoisse du retour à la vie quotidienne éprouvante. Mais je pressens que cette paix m'attend au tournant, que je la retrouverai à un endroit et à une heure à laquelle je ne m'attendrai pas. Alors j'emporte avec moi l'espoir, tapi au fond de mon être. Oui, ce lieu est bouleversant, il est celui d'une rencontre, un phare, un jalon déterminant sur le chemin de soi-même et de Dieu. Les mots ne sont plus nécessaires, le « merci » n'a plus de sens. C'est au-delà... »

Ultréïa e suseia, Deus adjuva nos.

Que Dieu aide chacun à aller au-delà, plus haut et plus loin.

Sainte Foy de Conques en quelques dates

303 : À Agen, martyre de Foy (en latin *Fides*), jeune chrétienne d'une douzaine d'années, victime de l'édit de persécution de l'empereur romain Dioclétien.

Vers 795 : L'ermite Dadon se retire à Conques, mais il ne tarde pas à faire des émules et l'ermitage initial donne naissance à un monastère qui adopte la règle de saint Benoît. Construction d'une église dédiée au Saint-Sauveur (Conques I).

819 : Diplôme de l'empereur Louis le Pieux; il place le monastère sous sa protection et lui fait d'importantes donations.

866 : « Translation furtive » des reliques de sainte Foy d'Agen à Conques. Il s'agit d'un rapt, mais avec sans doute le souci de mettre à l'abri les précieuses reliques devant la menace que les Vikings faisaient peser sur la vallée de la Garonne.

942-984 : Abbatiat d'Etienne 1er, à la fois évêque de Clermont en Auvergne et abbé de Conques. Vers le milieu du Xe siècle, afin d'abriter la statue-reliquaire de sainte Foy, il fait construire une basilique à trois nefs (Conques II).

Vers 987 : Miracle de Guibert « l'Illuminé », l'aveugle qui, les yeux arrachés, retrouve la vue après avoir invoqué sainte Foy. Son retentissement est immense et le pèlerinage de Conques connaît un essor considérable.

1013-1020 : Bernard d'Angers, un clerc lettré disciple du grand évêque Fulbert de Chartres, se rend à plusieurs reprises à Conques pour y écrire les deux premiers livres du *Liber miraculorum sancte Fidis* (Livre des miracles de sainte Foy). Les deux autres livres seront rédigés par un moine conquois anonyme vers le milieu du XIe siècle.

1031-1065 : Abbatiat d'Odolric. L'afflux des pèlerins à Conques, devenu une étape majeure sur la route du Puy à Saint-Jacques de Compostelle, l'incite à entreprendre la construction de l'abbatiale romane actuelle (Conques III).

Vers 1060-1070 : Rédaction, à Conques probablement, de la « Canso de santa Fé » (Chanson de sainte Foy), poème en langue d'oc évoquant, entre autres, la condamnation et le martyre de la sainte.

1087-1107 : Abbatiat de Bégon III qui marque l'apogée du monastère. Les prieurés dépendant de Conques, ainsi que les églises sous le vocable de Sainte-Foy, se sont multipliés à travers toute la Chrétienté occidentale. Bégon fait monter l'étage des tribunes de l'abbatiale, en même temps que le cloître ; il enrichit le trésor de plusieurs reliquaires.

1107-1125 : Abbatiat de Boniface. Il faut lui attribuer la construction de la façade de l'église, avec le célèbre tympan du Jugement dernier.

Après Boniface pourtant, commence le déclin de l'abbaye, entrecoupé de quelques rares périodes de prospérité et de reprise de l'activité artistique. Les nouveaux ordres religieux implantés en Rouergue : cisterciens, grandmontains, templiers et hospitaliers, captent désormais, à leur profit, les donations.

1537 : Sécularisation de l'abbaye par bulle pontificale. La communauté de moines bénédictins cède la place à un chapitre de chanoines.

1568 : Les protestants s'emparent de Conques : « *Il fut faict grand pillage, brullerie et saccagement* », selon une charte du roi Charles IX. Ils incendient en partie l'église.

1790 : La Révolution supprime le chapitre des chanoines qui assurait l'entretien de l'église et des bâtiments conventuels, désormais à l'abandon.

1792 : Les pièces du trésor, cachées chez l'habitant, échappent à la réquisition et à la fonte.

1837 : L'écrivain Prosper Mérimée, inspecteur général des Monuments historiques, découvre avec stupéfaction, les richesses artistiques oubliées que renferme Conques. S'il arrive trop tard pour sauver le cloître, il fait entreprendre les premiers travaux de restauration dans l'abbatiale.

1873 : A la demande de Mgr Bourret, évêque de Rodez, les pères prémontrés de Saint-Michel de Frigolet en Provence s'installent à Conques.

1875 : Découverte fortuite dans le chœur de l'église du coffret-reliquaire de sainte Foy, caché à l'époque des guerres de religion. Renouveau du pèlerinage.

1895 : Classement au titre des Monuments historiques de l'ensemble des pièces d'orfèvrerie anciennes du Trésor de Conques.

1903 : Inventaire du Trésor et du musée de Conques.

1905 : Dispersion des religieux.

1912 : Construction par les Beaux-Arts, du bâtiment abritant le Trésor.

1920 : Retour à Conques des Prémontrés de Saint-Michel de Frigolet.

1955 : Restauration et nouvelle présentation du Trésor par M. Taralon, inspecteur des Monuments historiques.

1992 : Arrivée des prémontrés de Mondaye (Calvados).

Carte des chemins de Saint-Jacques

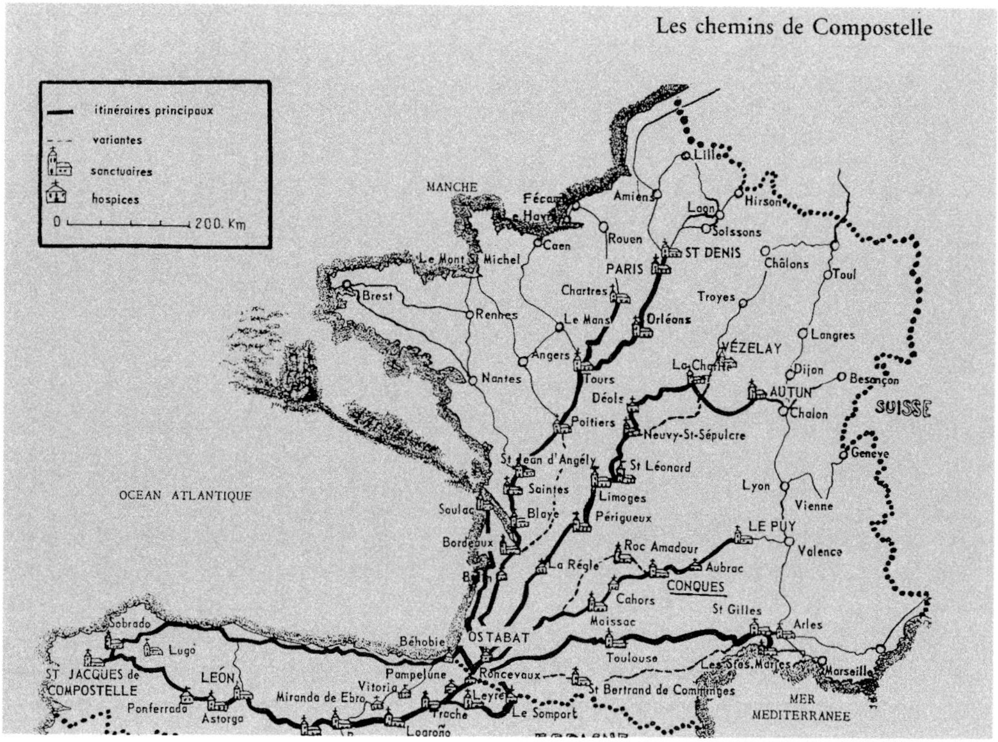

Les chemins de Compostelle

Les chemins de Saint-Jacques de Compostelle

Il y a quatre routes principales qui, menant à Saint-Jacques, se réunissent à Puente la Reina en territoire espagnol :

- L'une passe par Arles, Montpellier, Toulouse et le col du Somport,
- une autre par le Puy, Sainte-Foy de Conques et Moissac,
- une troisième par Nevers, Périgueux et Bazas,
- la dernière par Tours, Poitiers, Saintes et Bordeaux.

Celle du Puy porte le nom traditionnel de *Via Podiensis.* Plus de mille pèlerins l'empruntent chaque année d'un seul trait ou par tronçons. Certains viennent de Suisse, d'Allemagne, de Belgique, des Pays-Bas et même, à pied, de Norvège !

À Conques, étape majeure sur la *Via Podiensis*, le centre d'hébergement de l'abbaye permet une halte spirituelle d'un ou deux jours.

Plan de l'abbatiale

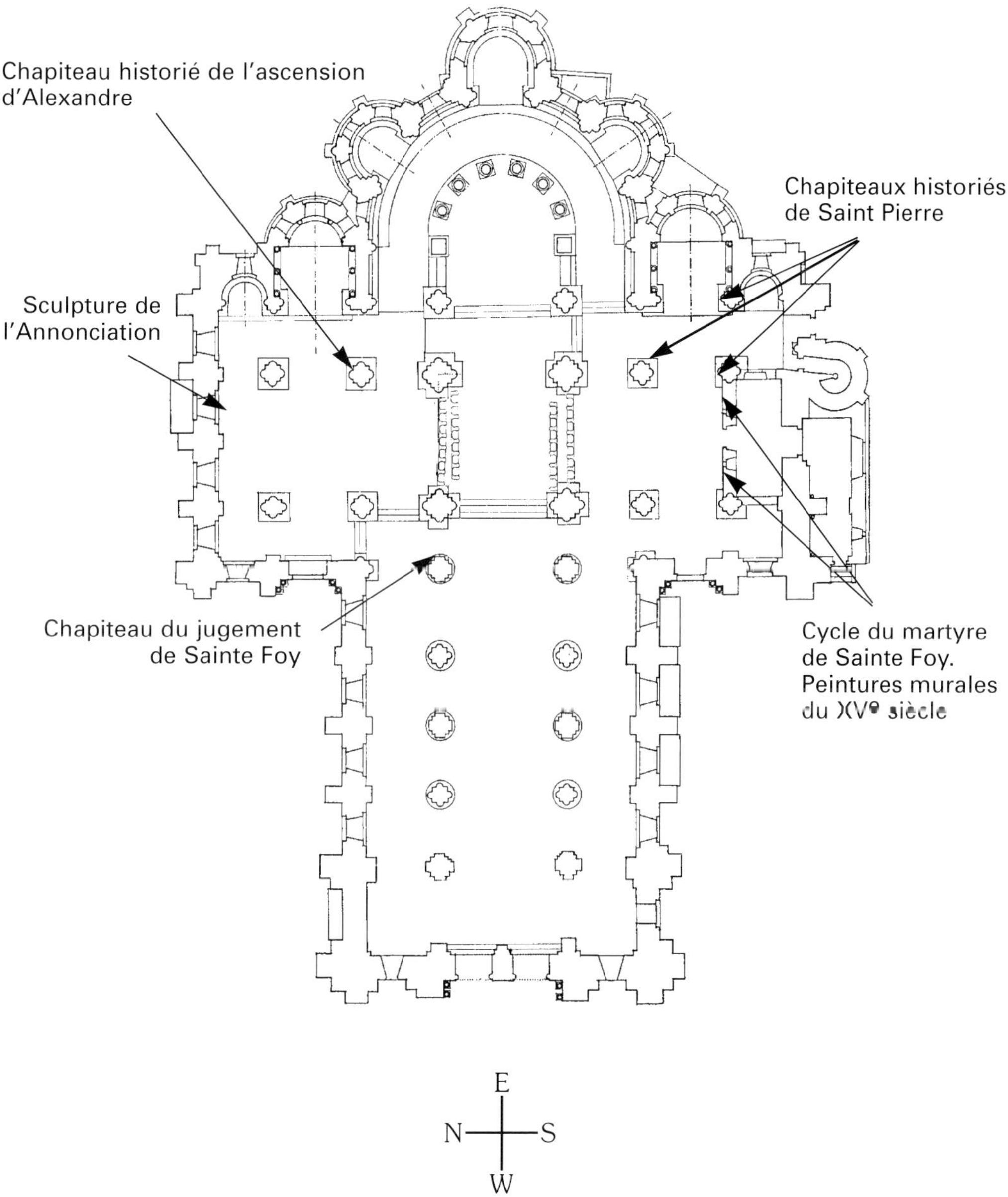

Bibliographie

CARRIÈRE Paul, *Les riches heures de sainte Foy*, Compagnie bibliographique du Bout du Monde, 1985.

DAUZET Dominique-Marie, *Petite vie de saint Norbert*, Desclée de Brouwer, 1995.

DELMAS Claire et FAU Jean-Claude, *Conques* , éd. du Beffroi, Millau, 1989.

FAU Jean-Claude, *Rouergue roman*, 3e édition, collec. "Zodiaque", La-Pierre-qui-Vire, 1990.

HECK Christian, CUNILLÈRE Vincent, *Conques, les vitraux de Soulages*, Seuil, 1994.

RENOUE Marie, DENGREVILLE Renaud, *Conques*, éd. du Rouergue, Rodez, 1997.

SÉGURET Pierre, *Conques : l'art, l'histoire, le sacré*, éd. du Tricorne, 1997.

Pour une étude approfondie :

BONNE Jean-Claude, *L'art roman de face et de profil, le tympan de Conques*, S.F.I.E.D., 1984.

BOUILLET A. et SERVIÈRES L., *Sainte Foy vierge et martyre*, éd. Carrère, Rodez, 1900.

BOUSQUET Jacques, *La sculpture à Conques aux XIe et XIIe siècles*. Essai de chronologie comparée, éd. Université de Lille III, 1973.

FAU Jean-Claude, *Les chapiteaux de Conques*, éd. Privat, Toulouse, 1956.

HOEPFFNER Ernest, ALFARIC Prosper, *La Chanson de sainte Foy*, 2 tomes, Paris, 1926.

TARALON Jean, TARALON-CARLINI Dominique, « Sainte Foy de Conques, la Majesté d'or », dans *Bulletin monumental*, Soc. française d'Archéologie, t. 155 - 1,1997.

Adresses :

Abbaye Sainte Foy 12320 CONQUES -
Tél : 05.65.69.85.12 - Télécopie : 05.65.72.81.01.

Abbaye Saint Martin de Mondaye 14250 TILLY-sur-SEULLES
Tél : 02.31.92.58.11 - Télécopie : 02.31.92.08.05.

Abbaye Saint-Michel de Frigolet 13150 TARASCON -
Tél : 04.90.95.70.07 - Télécopie : 04.90.95.75.22.

Table des matières

Achevé d'imprimer par Corlet, Imprimeur, S.A.-14110 Condé-sur-Noireau (France)
N° d'Éditeur : 5483 - N° de Fabrication : 5580 - N° d'Imprimeur : 56810 - Dépôt légal : janvier 2002
Imprimé en France